이 사전의 주인은 바로 _____입니다.

글·그림 박세랑

유쾌한 상상 속에서 뛰어노는 만능 재주꾼이에요. 평소엔 웃음이 팡팡 터지는 그림책을 그리고, 뾰족뾰족한 시를 쓰면서 시끌벅적하게 살아가고 있어요. 시집으로 《뚱한 펭귄처럼 걸어가다 장대비 맞았어》가 있고, 《단짠단짠 동시 맛집》, 《울퉁불퉁 구덩이》, 《라면 머리 아줌마》, 《깔깔 주스》, 《디스코 팡팡 소시지》, 《오! 양파》, 《두근두근 폭탄 케이크》 등 그림책과 어린이책을 지었어요.

똑똑하고 다정한 어린이들에게 알려 주고 싶은
어린이 반대말 사전

1판 1쇄 발행 2025년 7월 20일 | 1판 3쇄 발행 2025년 9월 10일
글·그림 박세랑
펴낸이 김봉기 | **출판총괄** 임형준 | **편집** 김민정, 안진숙 | **디자인** 뉴디 | **마케팅** 선민영, 임정재, 조혜연
펴낸곳 FIKA JUNIOR(피카주니어) | **주소** 서울시 강남구 테헤란로26길 14(역삼동, 위워크빌딩) 5층 102호
전화 02-3476-6656 | **팩스** 02-6203-0551 | **홈페이지** https://fikabook.io | **이메일** junior@fikabook.io
등록 2020년 9월 28일 (제 2020-000281호)

ISBN 979-11-92869-37-7 (73810)

- 책값은 뒤표지에 있습니다. • 파본은 구입하신 서점에서 교환해 드립니다.
- 이 책은 저작권법에 의하여 보호를 받는 저작물이므로 무단 전재와 복제를 금합니다.
- 제조국 대한민국 | 사용연령 4세 이상 • 주의사항 종이에 손이 베이거나 다치지 않도록 주의하세요.

피카 출판사는 독자 여러분의 아이디어와 원고 투고를 기다리고 있습니다.
책으로 펴내고 싶은 아이디어나 원고가 있으신 분은 이메일 junior@fikabook.io 로 보내주세요.

똑똑하고 다정한 어린이들에게 알려 주고 싶은

어린이 반대말 사전

박세랑 지음

문해력 쑥쑥

재미가 팡팡

✦ 차례 ✦

작가의 말	8-9쪽

크다, 작다	10쪽
길다, 짧다	12쪽
깊다, 얕다	14쪽

들어오다, 나오다	16쪽
묶다, 풀다	18쪽
비우다, 채우다	20쪽
딱딱하다, 부드럽다	22쪽
뜨겁다, 차갑다	24쪽
더럽다, 깨끗하다	26쪽
높다, 낮다	28쪽
열다, 닫다	30쪽
가깝다, 멀다	32쪽
느리다, 빠르다	34쪽
멈추다, 계속하다	36쪽
마르다, 젖다	38쪽
흐르다, 고이다	40쪽
켜다, 끄다	42쪽
쓰다, 달다	44쪽

듣다, 말하다	46쪽
맑다, 흐리다	48쪽
줄어들다, 늘어나다	50쪽
올라가다, 내려가다	52쪽
많다, 적다	54쪽
위, 아래	56쪽
앞, 뒤	58쪽
안, 밖	60쪽
두껍다, 얇다	62쪽
무겁다, 가볍다	64쪽
밀다, 끌다	66쪽
넓다, 좁다	68쪽
입다, 벗다	70쪽
새것, 헌 것	72쪽
선명하다, 흐릿하다	74쪽
다르다, 같다	76쪽
틀리다, 맞다	78쪽
보통, 이상	80쪽
눈을 감다, 눈을 뜨다	82쪽
반말, 존댓말	84쪽
쉽다, 어렵다	86쪽

안전하다, 위험하다	88쪽
게으르다, 부지런하다	90쪽
처음, 끝	92쪽

출발, 정지	94쪽
먼저, 나중	96쪽
시간, 영원	98쪽
어제, 내일	100쪽
승낙하다, 거절하다	102쪽
덜하다, 더하다	104쪽
세다, 약하다	106쪽
검다, 희다	108쪽
밉다, 곱다	110쪽
직선, 곡선	112쪽
몸, 마음	114쪽
어른, 아이	116쪽
형제, 자매	118쪽
주인, 손님	120쪽
스승, 제자	122쪽
나, 우리	124쪽
몇몇, 여럿	126쪽

맛있다, 맛없다	128쪽
재미있다, 재미없다	130쪽
답답하다, 후련하다	132쪽
소중하다, 사소하다	134쪽
선하다, 악하다	136쪽
시골, 도시	138쪽
밀물, 썰물	140쪽
진짜, 가짜	142쪽
껍데기, 알맹이	144쪽
첫인사, 끝인사	146쪽
사랑, 무관심	148쪽
슬픔, 기쁨	150쪽
용기, 두려움	152쪽
걱정, 자신감	154쪽
찬성, 반대	156쪽
차별, 평등	158쪽
실명, 익명	160쪽
완성, 미완성	162쪽
분열, 통일	164쪽
결점, 장점	166쪽
있다, 없다	168쪽

작가의 말

오늘 하루는 어땠나요? 여러분의 표정을 살펴보면 기쁨도 슬픔도 힘겨움도 모두 느낄 수 있어요. 각자 살아가는 곳에서 다정한 말 한마디를 건네 줄 사람을 종일 기다렸나요? 오늘 누군가의 관심과  그 다정함이 그리워서 마음을 졸였던 여러분에게 이 책을 온 마음 다해 선물하고 싶었어요.

자, 갓 구운 빵처럼 따끈한 이 책을 지금 받아 줄래요? '반대말 사전'이라니. 도대체 어떤 이야기를 담은 책일까. 킁킁 냄새도 맡아 보고, 표지의 그림도 살펴보고, 한 장, 한 장, 넘기면서 종이의 감촉도 느껴 보아요. 이 책은 여러분들에게 소소한 위로와 공감, 앞으로 나아갈 수 있는 용기를 줄 수 있을 거예요.

반대말처럼 서로가 너무 달라서 이해할 수 없었던 일들이 이 책을 통해 해소될 수 있으면 좋겠어요. 친구 관계의 어려움도, 학교생활에서의 실수도, 스스로를 탓하던 깊은 고민들도 이 책을 통해 조금이나마 위로받을 수 있으면 좋겠어요.

　세상은 넓고 기술은 초고속으로 발전하는 시대에서 우리, 서로를 향한 다정함과 응원을 멈추지 말아요. 나와 다른 반대의 성격을 가진 친구들을 이해하고, 긍정하는 여유를 가져 보아요. 어제와 다른 오늘을 좀 더 희망차게 살아낼 수 있는 지혜를 가질 수만 있다면 우리의 하루가 달콤한 코코아 한잔처럼 좀 더 따스해질 수 있을 거예요.

　자, 이제 이 책을 펼쳐 읽는 건 여러분의 선택에 달려 있어요. 저는 밤낮으로 어린이 친구들의 진정한 행복을 위해 이 책을 짓고 그리고 품으면서 오래 완성했답니다.

　세상 모든 행운의 기운이 여러분에게 가 닿기를. 그 어떤 순간에도 좌절하지 않고, 힘차게 일어서기를.

　오늘도 이 작은 책 속에서 서성이며 응원하고 있을게요.

— 박세랑

크다, 작다

야호! 오늘 급식 메뉴는 치킨이래. 설레는 마음으로 후다닥 급식실로 뛰어갔어. 그런데 이게 뭐야? 옆에 앉은 친구의 치킨보다 내가 받은 치킨이 더 작잖아? 어휴, 속상해. 내가 얼마나 치킨을 좋아하는데! 크고 작은 걸 남과 비교하다 보면 속상한 마음이 들 수 있어. 나는 키가 작은데 짝꿍은 키가 큰 경우에도 그렇고, 내가 받은 선물은 작은데, 언니가 받은 선물은 클 때도 어쩐지 마음이 속상하다면, 이렇게 생각해 보는 건 어떨까?

내 키가 지금은 작지만, 언젠가 더 커질 수 있어.

선물의 크기보다 더 중요한 건, 그걸 소중히 여기는 마음이야.

02

길다, 짧다

옆집 사는 수민이는 분량이 긴 책들을 삽시간에 읽어 버린대. 나는 분량이 짧은 책도 매일 읽기가 힘든걸. 수업 시간에 수민이는 독후감을 길게 잘 썼다고 칭찬받았어. 나는 조금만 더 길게 느낀 점을 적어 보면 좋겠다고 선생님께 지적을 받았지. 하지만 괜찮아! 글자가 적은 얇은 책부터 시작해서 천천히 읽다 보면 언젠가 글자가 많은 두꺼운 책도 쉽게 읽을 수 있을 거야. 오늘은 일기를 세 줄밖에 못 썼지만, 내일은 네 줄, 모레는 다섯 줄, 이렇게 점점 분량을 늘려 나가면 언젠가 나는야, 글쓰기 천재가 되지 않을까?

길고 짧은 건 대보아야 안다.

천 리 길도 한 걸음부터!

길고~ 짧은 만화

03

깊다, 얕다

룰루랄라! 오늘은 수영장에 놀러 가는 날. 친구들과 함께 수영복으로 후다닥 갈아입고 수영장에 들어갔어. 어라? 수심이 얕은 풀장도 있고, 수심이 깊은 풀장도 있네. 나는 친구들에게 멋지게 다이빙하는 모습을 보여 주고 싶어서 수심이 이 미터나 되는 성인용 풀장으로 뛰어들었어. 아뿔싸! 바닥에 발이 닿지 않자 머릿속이 하얘지면서 "살려 줘!" 나는 물속에서 허우적대기 시작했어. 안전요원이 달려와 나를 무사히 건져 주었지만, 큰 깨달음을 얻었어. 얕은 물에서 천천히 수영을 배워 가다 실력자가 되었을 때 깊은 물속으로 들어갈 수 있다는 걸 말이야.

> 깊고 얕은 물은 건너보아야 안다.
>
> 모든 일에는 순서와 규칙이 있는 법이지.

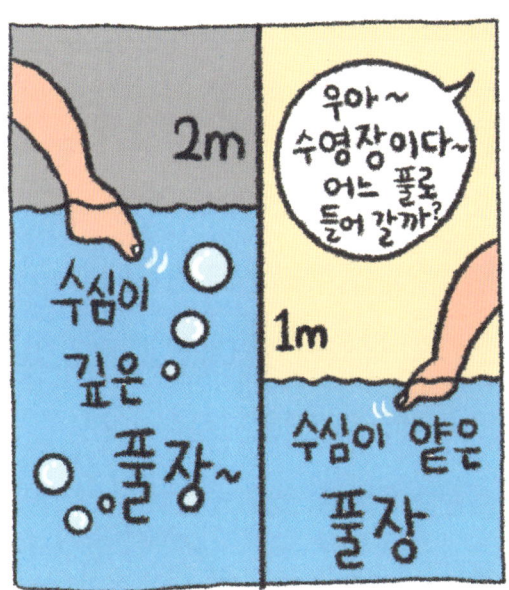

04

들어오다, 나오다

나는 평소에 과학책을 즐겨 읽었어. 새로운 상식을 알게 되는 기쁨이 무척 컸거든. 책 속에서 신기한 과학 현상을 발견하면 무척 즐거웠어. 내 머릿속에 과학 상식들이 쏙쏙 들어오자 기발한 생각들이 떠올랐지. 나는 떠오르는 생각들을 연습장에 쓱쓱 그려 보았어. 짜자잔! 내 머릿속에서 나온 아이디어로 신기한 로봇을 만들었어. 쓰레기들을 착착 분리수거해 주는 멋진 로봇이 완성되었지롱. 책 속에는 늘 새로운 세상이 펼쳐져 있고, 그것을 열린 마음으로 받아들이면 더 멋진 아이디어가 내 속에서 나올 수 있지.

지식은 씨앗이고, 아이디어는 그 씨앗에서 자라나는 꽃이야.

많이 배우면 많은 생각이 나오고, 그 생각들이 새로운 길을 만들지.

쏙쏙 들어오고 술술 나오는 만화

05

묶다, 풀다

학교에서 봉준이는 나랑 놀지도 않고 말도 안 해. 도대체 봉준이는 나한테 왜 화가 난 걸까? 내 머릿속은 온통 봉준이 생각으로 가득 차 있었어. 선생님이 내 이름을 불러도 대답 못 하고 수학 시험도 망쳐 버렸어. 온몸이 봉준이 생각에 꽁꽁 묶여 있는 것 같았어. 그러다 우연히 알게 되었어. 어제가 봉준이 생일이었다는 걸. 나는 하루 늦었지만, 봉준이를 진심으로 축하해 줬어. 그러자 봉준이도 나도 꽁꽁 묶여 있던 마음이 확 풀렸어.

묶여 있던 마음이 풀리면 자유가 온다네!

자꾸 떠오르는 생각에서 벗어나려면 집착하지 않기.

꽁꽁 묶였다 확 풀리는 만화

06

비우다, 채우다

나랑 가장 친했던 봉준이가 전학을 갔어. 아빠가 새로운 직장을 갖게 돼서 멀리 이사를 가 버렸지 뭐야. 나에겐 봉준이의 빈자리가 너무 크게 느껴졌어. 봉준이를 생각할 때마다 너무 그리워서 닭똥 같은 눈물이 뚝뚝 떨어졌어. 그때 내 옆에 누가 앉더니 내 등을 토닥여 줬어. 소매로 눈물을 쓱쓱 닦고 고개를 옆으로 돌리니 루미가 나를 보며 방긋 웃고 있네. 내 옆 빈자리는 다정한 루미 덕분에 꽉 채워졌어. 루미는 정말 친절하고 착해.

마음의 빈자리를 사랑으로 채우다.

나의 허전함을 채워 주는 건 너의 관심!

텅텅 비었다가 꽉 채워진 만화

07

딱딱하다, 부드럽다

똑같은 설탕으로 만들었지만, 알사탕은 동글동글 딱딱하고 솜사탕은 몽실몽실 부드럽지. 딱딱한 알사탕을 입안에서 굴리며 살살 녹여 먹으면 행복한 기분이 들어. 부드러운 솜사탕을 입안 가득 베어 물면 하늘하늘한 봄이 사르르 녹아내리는 것 같아. 같은 재료로 무언가를 만든다 해도 모양과 맛, 냄새, 식감이 다를 수 있어. 그리고 딱딱한 캐러멜이 입안에서 부드러워지기도 하고, 부드러웠던 흙 반죽이 딱딱한 그릇으로 구워지기도 해.

사람의 마음도 상황에 따라 단단해지기도 부드러워지기도 해.

'물은 부드럽지만 바위도 뚫는다'는 말이 있어.

때로는 부드러움이 단단함보다 더 강할 수 있거든.

딱딱하고 부드러운 만화

08

뜨겁다, 차갑다

코코아는 뜨겁게 먹을 때 몸이 따스해지고, 사과주스는 차갑게 먹을 때 시원하지. 뜨거운 목욕물에서는 피로를 풀 수 있고, 차가운 수영장 물속에서 신나게 헤엄칠 수 있지. 난 뜨거운 우동을 좋아하지만, 동생은 시원한 냉면을 좋아하지. 뜨거운 여름을 좋아하는 친구도 있고 차가운 겨울을 손꼽아 기다리는 친구도 있지. 또 내가 하고 싶은 일을 할 땐 가슴이 뜨거워지고, 정확한 판단을 내려야 할 땐 머리가 차가워지지.

차가운 머리와 따뜻한 마음을 가진 사람이 진정한 지혜를 가진 사람.

겨울이 있어야 봄의 따뜻함이 소중하게 느껴진단다.

뜨겁고도 차가운 만화

09

더럽다, 깨끗하다

철퍼덕! 으악! 똥 밟았다! 시골에 있는 할머니 댁에 갔다가 실수로 소똥을 밟았어. 신발이 더러워져서 너무 싫었어. 나는 세상에서 똥이 제일 더럽게 느껴지거든. 잔뜩 화난 얼굴로 할머니를 따라 밭에 나가 보았어. 황금빛 들판이 펼쳐져 있고, 나무마다 온갖 과일들이 주렁주렁 탐스럽게 매달려 있었어. 할머니가 말했어. "사람들이 똥을 더럽고 하찮게 여기지만, 이것 봐라. 똥이 거름이 되어 얼마나 많은 열매를 키워 냈니. 가장 더러운 게 가장 깨끗하고 귀한 것일 수도 있단다."

깨끗함의 소중함은 더러움을 경험해 봐야 알 수 있지.

손을 더럽혀야 진짜 일을 배울 수 있다고 해.

더럽다가도 깨끗한 만화

10

높다, 낮다

나는 이번 수학 시험에서 아주 낮은 점수를 받았어. 사실은 열심히 공부를 안 했거든. 친구들이랑 요즘 축구 게임에 푹 빠져서 주말엔 종일 놀기만 했어. 엄마는 비가 좍좍 내리는 시험지를 받아들고 부들부들 떨면서 화를 냈어. 동생 보기에도 창피했던 나는 다음 시험엔 반드시 승리하리라! 마음먹고 수학책을 펼쳤어. 졸음이 밀려오고 여러 가지 유혹이 찾아왔지만 나는 끝까지 수학 공부를 했어. 그랬더니 오늘 수학 시험에서 내 인생 최고로 높은 점수를 받았어!

낮은 곳에서 시작해야 높은 곳에 오를 수 있단다.

높이 올라갈수록 더 멀리 볼 수 있지만, 낮은 곳에서만 볼 수 있는 것들도 있어.

낮았당 높이 올라가는 만화

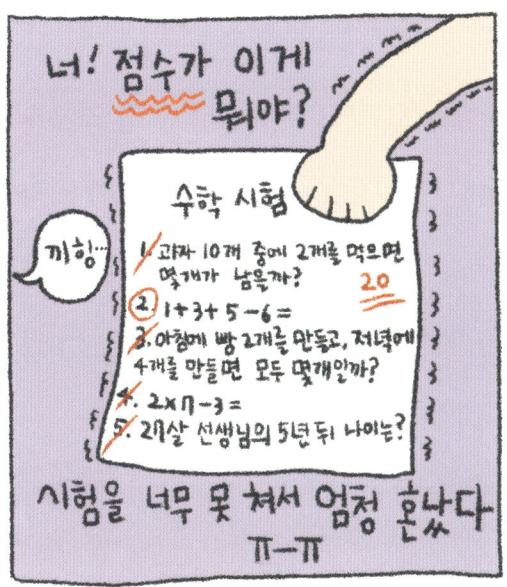

11

열다, 닫다

우리 집에 새로운 식구가 생겼어. 짜잔~! 얘는 강아지 콩순이야. 코가 동글동글 콩처럼 생겼잖아. 콩순이는 유기견 보호 센터에서 살다가 우리 집에 입양 오게 되었어. 옛 주인들이 콩순이를 학대하고 버렸기 때문인지 콩순이는 우리에게도 마음의 문을 꾹 닫고 있었어. 우리 가족들은 콩순이가 잘 적응할 수 있도록 매일 사랑으로 돌보았어. 콩순이는 아주 천천히 우리 가족에게 마음의 문을 열었어. 콩순이는 우리에겐 너무나도 소중한 가족이야.

한 문이 닫히면 다른 문이 열린단다.

마음을 열어야 새로운 친구가 들어올 수 있어.

닫혔다 열리는 만화

12

가깝다, 멀다

만도는 어릴 때부터 한동네에서 자라온 내 친구야. 유치원도 함께 다녔고 주말마다 목욕탕도 같이 갔었지. 초등학교에 입학하면서 우리는 변함없는 우정을 위해 커플 운동화도 사 신었지. 나는 만도에게 가끔 함부로 말하고, 만도 물건을 허락 없이 사용하기도 했어. 가장 가까운 친구를 편하다는 이유로 막대하기 시작하자 만도는 나에게 버럭 화를 냈어. 그 뒤로 나와 만도는 사이가 멀어져 버렸지. 어떻게 하면 만도와 다시 우정을 회복할 수 있을까?

마음이 가까우면 멀리 있어도 이웃이고, 마음이 멀면 가까이 있어도 남이지.

가까이 있는 사람일수록 예의를 갖춰 행동해야 해.

가깝다 멀어진 만화

13

느리다, 빠르다

《토끼와 거북이》 이야기는 다들 알지? 달리기 경주에서 이긴 거북이는 마음에 부담감이 확 생겼어. 다른 친구들이 계속 빨리 달려 보라고 하면 어떡하지? 걱정된 거북이는 무리하게 빚을 내서 스포츠카를 한 대 샀어. 거북이는 시끄러운 소리를 내며 스포츠카를 타고 빠르게 돌아다녔지. 다른 동물들은 거북이의 스포츠카에 치일까 봐 달아나기 바빴어. 그러다 나무에 쾅! 하고 부딪힌 거북이의 스포츠카는 산산조각이 났어. 거북이는 다시 느릿느릿 일상으로 돌아갔어. 세상에! 느리고 여유로운 거북이의 일상은 너무 행복했어.

자신만의 속도를 찾는 게 가장 중요해.

저마다의 속도는 존중받아야 마땅하지.

느릿느릿 빨리빨리 만화

14

멈추다, 계속하다

오빠는 학교 대표 축구 선수였는데 갑자기 축구를 그만두겠대. 부모님은 깜짝 놀라서 오빠를 계속 설득했지만, 오빠는 단호했어. 오후 내내 축구 연습을 하는 게 너무 힘들고 지친다나 뭐라나. 아빠는 우리에게 여행을 떠나자고 했어. 제주도로 떠난 우리는 한라산에 올라가 시원한 제주 바다를 내려다보면서 야호! 소리도 질렀어. 가슴이 뻥 뚫리는 것 같았지. 그렇게 잠시 멈춰 서서 우리는 푹 쉬었어. 여행에서 돌아온 오빠는 아침 일찍 운동장으로 힘차게 뛰어갔어. 축구화 끈을 단단히 묶고 말이야.

잠시 멈추는 것은 더 멀리 가기 위한 준비란다.

때로는 멈춰서 생각하는 시간이 계속 달려가는 것보다 중요할 때가 있지.

멈췄다 계속하는 만화

15

마르다, 젖다

"올여름은 불볕더위로 가뭄이 계속될 것으로 전망됩니다." 뉴스에서 가뭄으로 쩍쩍 갈라진 논바닥을 보도했어. 특히 곡식과 채소들이 피해가 아주 클 거래. 농부인 우리 할아버지는 땅이 마르고 식물들이 말라 죽어가는 걸 보고 무척 슬퍼했어. 나는 두 손을 꼭 모으고 매일 기도했어. 촉촉한 비가 내려서 가뭄을 해소해 달라고 말이야. 얼마 뒤에 하늘에서 시원한 단비가 내렸어. 촉촉하게 젖은 땅에서 온갖 식물들이 환호성을 지르며 몸을 쑥쑥 키워 냈단다.

비가 온 뒤에 땅이 더 단단해지는 법이야.

마른 씨앗도 물을 만나면 싹을 틔울 수 있어.

말랐다 젖었다 하는 만화

16

흐르다, 고이다

봄이 되니 빗방울이 톡톡 하늘에서 떨어졌어. 빗방울은 강물 위에서 졸졸 흘러내리며 신나게 헤엄쳤어. "난 어디까지 헤엄칠 수 있을까?" 빗방울은 강물을 따라 빠르게 흘러가는 게 너무 좋았어. 그러다 어느 연못에 도착했는데 연못이 흐르지 않고 계속 고여 있는 거야. 빗방울은 그게 너무 싫었어. 고여만 있으니까 꼭 연못 속에 갇힌 것 같았거든. 그런데 밤이 되자 별들이 연못 위로 촤르르 모여들기 시작했어. 연못은 꼭 밤하늘을 비추는 따스한 거울 같았어. 별은 흐르는 것도, 고여 있는 것도 모두 의미 있는 일이라는 걸 깨달았지.

때로는 흘러가듯 살고, 때로는 고요히 머물러야 할 때도 있지.

강물은 흘러야 바다를 만나고, 호수는 고여야 깊이를 만들 수 있지.

흐르다가 고이는 만화

17

켜다, 끄다

내 동생은 밤에 불 끄는 걸 너무 싫어해. 침대 밑에서 귀신이 나올 것 같다나 뭐라나. 동생은 잠들기 전까지 꼭 전등을 켜고 있어. 그러던 어느 날, 아파트에 정전이 나서 모든 불이 다 꺼졌어. 그때 아빠가 베란다에서 우릴 불렀어. 우아! 베란다에서 바라본 밤하늘엔 별들이 아름답게 반짝이고 있었어. 아빠랑 우리는 손전등을 이용해 동물 만들기 놀이도 했어. 어두울 때 불이 환하게 켜지면 편리하지만, 불을 껐을 때만 볼 수 있는 것들도 많이 있단다.

때로는 모든 것을 끄고 조용한 시간을 가져야 마음의 소리를 들을 수 있어.

'꺼진 불도 다시 켤 수 있다'는 말은 포기하지 말자는 명언이야.

켰다 껐다 하는 만화

18

쓰다, 달다

학원 앞에 탕후루 가게가 생겼어. 새콤달콤한 탕후루에 푹 빠져서 하루에 세 개 이상은 먹은 것 같아. 거기다 청포도스무디는 또 얼마나 시원하고 맛있다고. 젤리랑 초콜릿은 항상 기분을 즐겁게 해 주지. 그렇게 나는 다디단 간식들에 점점 중독되었어. 결국, 엄마 손에 이끌려 간 병원에서 나는 비만 진단을 받았고, 울면서 다이어트를 하게 되었지. 시골에 있는 할머니가 보내 준 냉이, 달래, 취나물은 어찌나 쓰던지! 이렇게 입에 쓴 음식들이 몸에는 그렇게 좋다나 뭐라나. 그런데 자꾸 먹다 보니 쓴맛 끝에 향긋한 봄 냄새가 나는 것 같네.

쓴 약이 몸에도 좋다는 말.

인생은 쓴맛과 단맛이 번갈아 오는 것, 둘 다 소중히 여겨야 해.

인생의 쓴 맛과 단 맛 만화

19

듣다, 말하다

난 말하는 게 너무 좋아. 친구들을 붙잡고 나불나불 내 얘기를 하는 게 너무 좋아. 그런데 어느 순간, 내가 민수랑 다빈이에게 다가가면 얘들이 은근슬쩍 나를 피하는 거야. 도미랑 호준이도 마찬가지였어. "도대체 왜 슬금슬금 나를 피하냐고!" 그때 짝꿍 하빈이가 나를 빤히 쳐다보더니 한마디 하더라고. "야, 넌 네 얘기만 할 줄 알지, 다른 사람의 얘기는 들을 줄 모르잖아." 그때부터 나는 친구들과 대화할 땐 상대방의 이야기를 잘 들어주는 게 중요하다는 걸 깨닫게 되었어.

두 개의 귀와 하나의 입을 가진 이유는

말하는 것보다 듣는 것이 더 중요하기 때문이래.

말하기 전에 듣는 사람이 현명한 사람이야.

잘 듣고 잘 말하는 만화

20

맑다, 흐리다

오늘은 전주로 가족 여행을 가는 날! 그런데 아침부터 하늘에 먹구름이 잔뜩 껴 있네. 차를 타고 가다 보니 비가 주룩주룩 내리기 시작했어. 우리는 전주에서 유명한 식당으로 들어가 뜨끈한 칼국수를 먹었어. 창밖으로 비 내리는 풍경을 보며 호로록 먹는 칼국수는 정말 맛있었어. 칼국수를 다 먹고 나오는데 어느덧 구름이 걷히고 맑은 하늘이 조금씩 드러나기 시작했어. 이번 여행은 흐린 날씨와 맑은 날씨를 모두 즐기는 최고의 여행이었지!

> 흐린 날이 있어야 맑은 날의 소중함을 알 수 있어.
>
> 마음이 맑으면 흐린 세상도 밝게 보이고,
>
> 마음이 흐리면 맑은 세상도 어둡게 보인단다.

맑았다 흐려져도 좋은 만화

21

줄어들다, 늘어나다

"오늘 날씨도 좋은데 마당에서 풍선놀이할까?" 엄마와 나는 빨간색, 파란색 풍선을 가지고 후후 불기 시작했어. 그런데 풍선을 계속해서 불자 빵! 하고 터지고 말았어. 새 풍선으로 다시 한번 후후 불다가 이번엔 바람이 줄어든 상태로 풍선을 묶었어. 다행히 터지지는 않았지만, 작은 풍선은 볼품없어 보였어. 풍선은 너무 늘어나면 터져 버리고, 바람이 너무 줄어들면 가지고 놀 때 재미가 없었지. 늘어나는 것과 줄어드는 것의 균형이 필요하다는 걸 나는 다시 한번 깨달았어.

과하거나 부족하지 않게 정도를 잘 지키는 것이 중요해.
줄어드는 고민과 늘어나는 행복을 경험해 볼까?

늘어났다가 줄어드는 만화

22

올라가다, 내려가다

"끙차끙차!" 단풍을 구경하러 설악산을 오르는 길. 왜 이렇게 바위도 많고 가파른 건지. 나는 너무 힘들어서 단풍 구경을 포기하고 다시 내려가고 싶었어. 땀이 송골송골 맺히고 숨이 턱턱 차오르고 다리도 찌릿찌릿 아파 왔어. 할아버지의 응원으로 겨우 정상에 오른 나는 입이 쩌억 벌어졌어. 아름다운 단풍이 곳곳에 절경을 이루고 있었지. 다시 산 아래로 내려갈 때는 아주 여유롭게 새소리와 풀벌레 소리를 들을 수 있었고 시원한 바람도 느낄 수 있었어.

올라갈 때의 두려움은 우리에게 용기를 주고
내려갈 때의 여유는 우리에게 휴식을 준단다.

많다, 적다

수빈이는 장난감 로봇을 열 개도 넘게 가지고 있어. 방 안 가득 쌓여 있는 로봇의 이름을 다 외우지도 못해. 한편 도유는 장난감 로봇이 딱 한 개뿐이야. 수빈이는 도유에게 으스대며 자신이 가진 로봇들을 자랑하기 바빴지. 하지만 도유는 수빈이가 별로 부럽지 않았어. 도유에겐 하나뿐인 로봇이 정말 소중했거든. 수빈이는 부모님께 장난감 로봇을 자꾸 선물 받자 지겨워졌어. 그래서 더는 로봇을 아끼지 않게 되었지. 도유는 하나뿐인 로봇에게 이런저런 기능을 추가해 주면서 상상력을 더 키울 수 있었단다.

많은 걸 가지고 있어도 소중히 여기지 않으면 의미가 없어.

친구는 많다고 좋은 것이 아니라, 진실한 친구가 적어도 한 명 있는 것이 중요해.

많아도 적어도 만화

24

위, 아래

제비와 지렁이는 서로 다른 곳에 살고 있지만, 우정을 나누는 친구야. 제비는 하늘 위를 자유롭게 날아다니며 세상을 구경할 수 있었고, 지렁이는 땅속을 기어다니며 흙을 기름지게 만들었지. 비가 많이 내리는 날엔 제비는 나무 위에서 비를 피할 수 있고, 지렁이는 땅 아래서 아늑하게 몸을 보호할 수 있지. 땅 위에 있으면 세상을 더 멀리 볼 수 있고, 땅 아래에 있으면 나무들과 식물들이 잘 자랄 수 있는 기반이 될 수 있어. 땅 위에 사는 제비와 땅 아래에 사는 지렁이는 서로를 부러워하며 사이좋게 지냈단다.

나무는 위로 자라지만 뿌리는 아래로 자라야 단단하게 설 수 있어.

각자의 자리에서 빛나는 것이 진정한 가치가 아닐까.

위로 아래로 만화

25

앞, 뒤

민지는 선생님 앞에서는 다정하고 착해 보여. 유행하는 옷도 곧잘 입어서 학교에서 인기도 많아. 그런데 민지는 쉬는 시간만 되면 교실 뒤에서 친구 험담하기를 정말 좋아해. "유민이네 부모님이 이혼하셨대.", "세랑이네 집은 엄청 가난해서 여행도 못 간대." 뒤에서 쑥덕거리기를 좋아하는 민지는 친구들 사이를 갈라놓기도 해. 그 사실을 알게 된 선생님은 민지를 따로 불러 혼냈어. 앞과 뒤가 다른 사람은 결국 나쁜 평가를 받게 된다는 걸 깨달은 민지는 얼굴이 빨개졌어.

앞과 뒤가 같은 사람이 진정으로 멋진 사람이란다.

뒤에서 남을 험담하면 결국 자기 자신에게 화가 돌아오게 된단다.

앞뒤가 똑같아지는 만화

26

안, 밖

콜록콜록 감기에 걸렸어. 엄마는 옷도 얇게 입고 왜 자꾸 돌아다니냐며 폭풍 잔소리를 해댔지. 요 며칠 난 찬바람을 맞으며 밖에서 신나게 놀았어. 축구도 하고, 눈사람도 만들고, 눈싸움도 했지. 그런데 지금 내 꼴이란. 침대에 꼼짝없이 누워서 콜록콜록 기침을 해대니 말이야. 나는 집 안에서 뭘 할까, 고민하다가 책꽂이에 꽂혀 있던 책을 읽었는데 생각보다 재밌었어. 책상 서랍에서 아주 오래된 보드게임판을 찾았는데 동생이랑 같이 하니 시간 가는 줄 몰랐지. 안과 밖 모두 즐겁고 신나는 공간이라는 걸 비로소 알게 됐어.

집 안에서 할 수 있는 놀이와 집 밖에서 할 수 있는 놀이를 찾아보자.

집 안에서의 화목함과 집 밖에서의 당당함이 공존하는 우리 가족!

안과 밖이 모두 좋은 만화

27

두껍다, 얇다

루비와 하리가 함께 살 집을 짓기 시작했어. 루비는 두꺼운 벽이 사방을 둘러싼 집을 원했고, 하리는 얇은 창문이 많은 집을 원했어. 둘은 원하는 것이 서로 달라서 툭하면 싸우기 일쑤였지. 루비와 하리는 서로 한 발짝씩 물러나서 생각해 보기로 했어. 두꺼운 벽이 있으면 집을 안전하게 보호해 줄 수 있고, 창문이 있으면 빛이 잘 들고 바깥 풍경을 즐길 수 있다는 장점이 있었어. 둘은 튼튼한 벽을 세우고 환한 창문을 낸 아름다운 집을 고생 끝에 완성해 냈어.

두꺼운 벽은 우릴 보호해 주고, 얇은 창문은 세상을 보여 주지.
강한 보호와 밝은 소통, 둘 다 우리 삶에 꼭 필요한 것들이야.

두껍고 얇은 만화

28

무겁다, 가볍다

"오늘은 공원에 가서 독서를 할까?" 주말 아침이 되자 아빠가 들뜬 목소리로 가족들을 깨웠어. 오빠는 무거운 책을 가방 안에 가득 챙겼고, 나는 종이접기 할 색종이만 달랑 챙겼지. 오빠의 책들은 지식의 무게만큼 무거웠고, 내가 챙긴 색종이는 가벼워서 쉽게 잃어버릴 것만 같았지. 맑고 쾌청한 하늘 아래 우리는 나란히 누웠어. 오빠는 책이 너무 재밌어서 시간 가는 줄 몰랐고, 나는 종이비행기 덕분에 시간 가는 줄 몰랐지. 무거운 것도 가벼운 것도 모두 필요한 가치라는 걸 우리는 알게 되었어.

무거운 책임감은 우리를 성장시키지.

가벼운 마음은 우리를 자유롭게 한단다.

무겁고도 가벼운 만화

29

밀다, 끌다

언니와 나는 커다란 택배 상자를 집 안으로 옮겨야 했어. 언니는 상자를 밀어서 가져가자고 했고, 나는 끌어서 가져가자고 했지. 언니와 나는 의견이 안 맞아서 투닥투닥 다투었어. 그때 엄마가 마당으로 나와서 말했어. "보나는 상자를 뒤에서 밀고, 보영이는 상자를 앞에서 끌어 봐! 중요한 건 둘이서 함께 협동하는 거란다." 엄마의 말에 언니와 나는 힘을 합쳐 상자를 밀기도 하고 끌기도 하면서 목적지까지 옮길 수 있었어.

밀다와 끌다는 반대 같지만, 같은 목표를 향해 나아가는 다른 방식이지.

때로는 밀어 주고, 때로는 끌어 주는 친구가 진짜 친구야.

밀다가 끌다가 만화

30

넓다, 좁다

띵동댕동~ 체육 시간이다! 나는 운동장에 나가 뛰어노는 걸 제일 좋아해. 그런데 오늘은 하늘이 잔뜩 흐리더니 비가 주룩주룩 내려서 나갈 수가 없었어. 그때 선생님이 현미경이라는 아주 멋진 물건을 가지고 왔어. 선생님은 현미경으로 빗방울을 관찰하게 해 줬지. 아주 좁은 렌즈로 빗방울을 들여다보니 웬걸. 너무나도 신기하고 멋진 세상이 펼쳐지는 거야. 선생님이 말했어. "넓은 세상을 경험하는 것도 중요하지만, 때로는 좁은 초점으로 깊이 보는 것도 필요하단다."

바다처럼 넓게 생각하고,

바늘처럼 좁게 집중할 줄 알면 더 많은 것을 발견할 수 있지.

때로는 넓게, 때로는 좁게 보는 지혜가 우리에겐 필요해.

넓기도 좁기도 한 만화

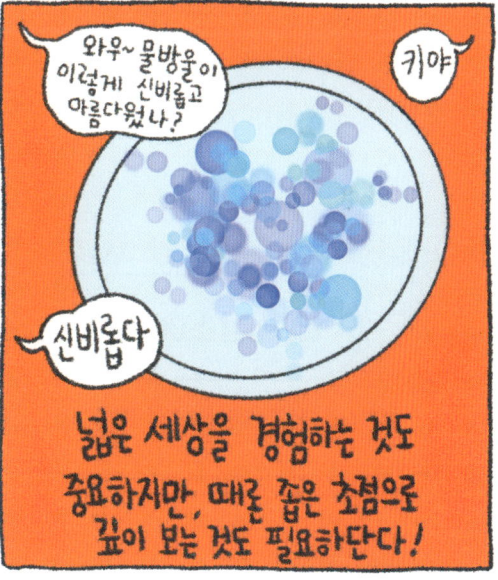

31

입다, 벗다

하율이는 가방 안에 얇은 겉옷을 챙겨서 학교에 갔어. 아침엔 날씨가 조금 쌀쌀해서 가방 안에 있던 겉옷을 꺼내 입었지. 해가 쨍쨍 나는 점심시간이 되자 날씨가 금세 더워졌어. 하율이는 입고 있던 겉옷을 훌렁 벗고 나자 무척 시원하고 상쾌했어. 옆자리에 앉아 있던 윤서가 하율이에게 물었어. "넌 왜 맨날 옷을 입었다가 벗었다 하니?" 하율이는 윤서에게 대답했어. "그야 겉옷을 입으면 체온을 보호해 주고, 겉옷을 벗으면 자유로울 수 있으니까!"

때와 장소에 맞게 입고 벗을 줄 아는 지혜가 필요해.

입는 것과 벗는 것 모두 자신을 더 편안하게 해 주는 방법이야.

때와 장소에 맞게 입고 벗는 만화

새것, 헌 것

세미는 크리스마스 선물로 멋진 구두를 선물 받았어. 어찌나 번쩍번쩍 광이 나던지 눈이 부실 지경이었지. 세미는 당장 구두를 신고 나가고 싶었어. 하지만 창밖을 보니 세찬 바람과 함께 소나기가 내리지 뭐야. 세미는 구두를 신고 나갈까 말까 고민하다가 헌 장화를 신고 외출했어. 걷다 보니 빗줄기가 점점 거세져서 발목까지 빗물이 차올랐지. 세미는 헌 장화 덕분에 발을 보호할 수 있었고, 새 구두도 비에 젖을 일이 없었지. 이렇듯 새것도 헌 것도 모두 소중하다는 걸 세미는 깨닫게 되었어.

새 그릇에 담는다고 무조건 밥맛이 좋은 것은 아니란다.

오래된 것도 그만한 가치가 있다는 걸 잊지 마.

새것과 헌 것 만화

33

선명하다, 흐릿하다

오늘은 미술관 견학을 가는 날! 태어나서 처음으로 가 본 미술관엔 휘황찬란한 그림들이 질서 있게 걸려 있었어. 사물을 선명하게 그린 작품은 마치 사진을 보는 듯 신기했어. 선과 색이 선명한 그림들이 주는 아름다움이 있었지. 그런데 자연 풍경이나 인물을 흐릿하게 표현한 작품들도 있었어. 물감과 물감의 경계가 사라지고 흐릿하게 뭉개진 그림을 보니 꿈속 같은 느낌이 들면서 마음이 평온해졌어. 때론 선명함이 궁금증을 해소해 주기도 하고, 흐릿함은 우리에게 상상할 힘을 준다는 걸 알 수 있었어.

흐릿함이 주는 편안함과 선명함이 주는 현실감을 느껴 보자.
가까이서 보면 선명하고 멀리서 보면 흐릿하지만,
때로는 멀리서 볼 때 전체가 더 잘 보이기도 해.

선명해도 좋고 흐릿해도 좋은 만화

34

다르다, 같다

우리 반에 새로운 친구가 전학을 왔어. 이름은 도은수. 미국에서 살다 온 은수는 한국말도 서툴고, 도시락으로 샌드위치를 싸 와서 혼자 먹었어. 짝꿍인 하엘이는 다른 나라에서 전학 온 은수와 절대 친해질 수 없을 것 같았지. 그런데 은수와 지내다 보니 같은 점을 발견할 수 있었어. "어머! 우린 웃음소리가 같잖아!" 은수와 하엘이는 좋아하는 음식은 서로 달랐지만, 수다를 떠는 건 똑같이 좋아한다는 것도 알게 되었어.

서로 다른 점은 존중하고, 같은 점에서 우정을 쌓아 가는 우리.

사람마다 다른 점이 있어 세상은 다채롭고, 같은 점이 있어 서로 이해할 수 있지.

다른데 같은 만화

35

틀리다, 맞다

지난 학기에 학교에서 단원 평가 시험을 쳤어. 점수를 확인하는데 아뿔싸! 국어에서 한 문제를 실수로 틀렸네. 다른 과목들은 다 맞았는데 국어에서 한 문제를 틀린 게 너무 아깝고 속상했어. 나는 틀린 문제를 다시 한번 풀어 보면서 같은 실수를 하지 말아야겠다고 다짐했어. 이번 학기에도 국어 시험에서 비슷한 문제가 나왔는데 나는 연습했던 대로 실수하지 않았어. 역시! 틀림이 없으면 배움도 없는 거구나! 나는 백 점 맞은 국어 시험지를 흔들며 힘차게 집으로 달려갔어.

'실패는 성공의 어머니'라는 말이 있단다.

항상 맞다고 생각하는 사람보다 가끔 틀릴 수 있다고 인정하는 사람이 더 현명해.

틀렸지만 다시 맞힌 만화

36

보통, 이상

영우와 린아는 과학 발명 대회에 나갔어. 영우는 아주 이상한 아이디어를 내서 친구들을 납득시키기가 어려웠어. 린아는 아주 보통의 상식이 들어간 발명품을 만들려고 하니 하나도 재미가 없었지. 선생님께서 영우와 린아가 한팀이 돼서 발명품을 만들어 보라고 제안했어. 영우의 엉뚱하고 이상한 아이디어로 로봇을 설계하고, 린아가 보통의 방식으로 조립해서 멋진 발명품을 만들 수 있었지. 안정적이면서도 아주 창의적인 발명품을 보면서 다들 칭찬 일색이었어.

보통의 지혜와 이상한 상상력이 만나면 위대한 발명이 탄생하지.

너무 평범하지도, 너무 특이하지도 않은 균형이 중요해.

보통과 이상하네 만화

눈을 감다, 눈을 뜨다

"자! 오늘은 보물찾기하는 날! 엄마가 숨긴 보물들을 누가 더 많이 찾을까? 준비 시작!" 오빠와 나는 집중해서 보물을 찾기 시작했어. 오빠는 눈을 감고 거실에서 들려오는 소리에 집중해서 작은 라디오를 찾았어. 나는 눈을 크게 뜨고 벽장 구석구석을 뒤져서 예쁜 책갈피를 찾았지. 엄마는 우리 둘을 앉혀 두고 말했어. "눈을 감으면 소리에 더 집중할 수 있고, 때론 마음의 눈이 열려서 상대방을 더 잘 이해할 수 있어. 눈을 뜨면 세상의 진실을 마주할 수 있단다."

때로는 보이지 않는 것을 느끼고, 때로는 보이는 것을 관찰하는 지혜가 필요해.

진정한 지혜는 눈으로 보는 것과 마음으로 느끼는 것 모두를 아는 거야.

38

반말, 존댓말

토리는 새 학기가 시작되자 친구들에게 반말을 사용했어. "야, 이거 나 줘. 저리 가! 뭐라는 거야?" 반면 서연이는 존댓말을 사용해서 말했지. "만나서 반가워요. 우리 잘 지내봅시다." 토리는 친구 사이에서 존댓말을 사용하는 서연이가 정말 이상하다고 생각했어. 토리는 선생님께도 편하게 반말을 사용했다가 무지 혼났어. 토리와 서연이는 반말과 존댓말을 사용해야 할 때를 함께 알아보았어. "친구들과 함께 있을 때 반말을 사용하면 더 친근하게 느껴질 수 있어. 반대로 어른들께는 존댓말을 사용해야 더욱 공손한 표현이 될 수 있대."

말의 품격은 사람의 품격을 보여 준다.

때와 장소에 맞는 말투가 진정한 소통의 시작!

반말과 존댓말 만화

39

쉽다, 어렵다

오늘은 피아노 학원을 가야 하는 수요일. 으악, 피아노를 처음 배우는 거라 그런지 악보를 보는 것도, 건반을 치는 것도 너무 어려워. 그냥 내 마음대로 치다 보면 시끄러운 소리가 되고, 악보를 보면서 치자니 손이 제대로 움직이질 않네. 하지만 난 포기하지 않았어. 꾸준히 집에서 연습하다 보니 이젠 제법 아름다운 소리를 낼 수 있게 되었어. 엄마 생신날 나는 선물로 멋진 피아노 연주를 들려주었지. 역시나 모든 일은 처음이 어렵지만 노력하면 쉬워지는구나!

처음부터 쉬운 일은 없고, 끝까지 어려운 일도 없다!

어려움을 이겨 내야 진정한 실력이 쌓인단다.

어렵지만 노력하면 쉬워지는 만화

40

안전하다, 위험하다

드디어 여름 방학이 시작됐어! 우리 가족은 계곡으로 여행을 갔지. 콸콸 쏟아지는 계곡물은 무척이나 맑고 깨끗했어. 엄마는 안전하게 구명조끼를 입으라고 당부했지만 나는 엄마 말을 듣기가 싫었어. 풍덩! 계곡물에 뛰어든 순간 너무나도 상쾌했어. 그런데 시간이 조금 지나자 갑자기 비가 내리기 시작했어. 계곡물은 점점 불어나 안전했던 얕은 곳도 물살이 거세졌어. 다행히 아빠 손을 잡고 계곡에서 나올 수 있었지만, 안전했던 곳도 위험해질 수 있다는 걸 알게 됐어. 위험을 미리 알고 안전하게 구명조끼를 입으라고 했던 엄마 말을 그제야 이해할 수 있었어.

돌다리도 두들겨 보고 건너자.

위험을 미리 예방하는 습관을 지니자.

안전하거나 위험한 만화

게으르다, 부지런하다

민준이와 민수는 쌍둥이 형제야. 둘 다 생긴 건 아주 비슷하지만, 성격은 달라도 너무 달라. 민준이는 게으르고 놀기를 좋아해. 민수는 너무 부지런해서 쉴 틈 없이 공부만 하지. 여름 방학이 되자 민준이와 민수는 서로를 비난하며 싸우기 일쑤였어. 엄마는 적당히 게으름 피우며 놀다 보면 창의력이 커질 수 있고, 부지런히 공부하다 보면 성공한 사람이 될 수 있다고 했어. "어휴, 이 녀석들! 둘의 성격을 적절히 섞어 놓는다면 얼마나 좋을까?"

게으른 오늘은 부지런한 내일에게 짐을 넘겨준단다.

때로는 게으름이 새로운 방법을 찾게 하고, 부지런함이 그것을 완성하지.

42

처음, 끝

드디어 새 학기가 시작되었네. 나는 새 친구들과 처음 뵙는 담임 선생님께 잘 보이고 싶어서 노력했지. 첫 학기엔 공부도 열심히 하고 숙제도 착실하게 했어. 하지만 점점 게을러진 나는 처음과 다르게 시험도 대충 치고 숙제도 안 해 가는 날이 많았지. 담임 선생님이 용두사미라는 사자성어를 알려 줬어. 처음엔 용의 머리처럼 멋지게 모든 일을 시작했다가 끝은 뱀의 꼬리처럼 흐지부지될 수 있다는 걸 말해 줬어. 나는 정신을 차리고 새 학기에 가졌던 첫 마음을 되새기면서 열심히 노력하기로 했어.

시작이 반이라지만 끝맺음도 너무 중요해!

처음의 열정을 끝까지 유지하는 사람이 성공할 수 있대.

처음과 끝 만화

43

출발, 정지

출장을 마친 아빠는 운전석에 앉아 차를 출발시켰어. 사랑하는 가족들을 얼른 보고 싶어서였지. 트렁크엔 우리가 좋아하는 선물들이 가득했어. 빠르게 운전하던 아빠는 자동차 바퀴가 이상하다는 걸 깨달았어. 아빠는 급한 마음에 계속 달릴지 고민하다가 운전을 멈추고 차를 세웠어. 자동차 바퀴를 살펴보니 큰 문제가 있었고, 계속 달렸다가는 사고가 날 수 있었던 거지. 하마터면 사랑하는 가족들을 영영 못 볼 수도 있었다는 생각에 아빠는 마음이 아찔했대.

때로는 출발보다 멈추는 용기가 필요하단다.

때로는 멈추는 것이 더 큰 위험을 막을 수 있지.

출발과 정지 만화

44

먼저, 나중

현우는 달리기를 정말 좋아해. 운동회에서 일 백 미터 달리기와 이 백 미터 달리기에서 모두 일 등을 할 정도로 달리는 걸 좋아해. 남들보다 먼저 앞서나가는 즐거움이 정말 좋았어. 그러던 어느 날, 현우는 마라톤 대회에 나가게 되었어. 남들보다 앞서가던 현우는 얼마 못 가 기운이 빠져 바닥에 털썩 주저앉고 말았어. 현우보다 나중에 달려오던 사람들은 서두르지 않고 자신만의 속도로 달려서 완주할 수 있었지.

먼저 시작했다고 항상 먼저 도착하는 것은 아니란다.

먼저 생각하고 나중에 행동하는 것이 현명한 사람의 방식이란다.

45

시간, 영원

미국에 사는 할머니, 할아버지가 겨울 방학에 우리 집에 놀러 왔어. 오랜만에 할머니, 할아버지를 보니까 정말 기쁘고 행복했지. 가족들과 함께 영화도 보고, 산책도 하고, 경치 좋은 곳으로 가서 캠핑도 했지. 할아버지가 구워 준 마시멜로는 마치 구름처럼 입안에서 살살 녹았어. 이 모든 시간이 나는 영원했으면 좋겠다고 생각했어. 하지만 곧 할머니, 할아버지가 미국으로 떠나야 할 시간이 돌아왔지. 그땐 정말 눈물이 났어. 그때 할머니가 나를 꼭 껴안아 주면서 말했지. "시간은 흘러가지만, 우리 손자와 함께한 추억은 영원하단다."

시간은 흐르지만, 추억은 영원히 남는단다.

시간은 한정되어 있지만, 사랑은 영원할 수 있단다.

시간과 영원 만화

46

어제, 내일

요즘 나는 식물 키우기에 푹 빠졌어. 마당에 씨앗을 심었는데 드디어 새싹이 올라온 거야. 연둣빛 작은 새싹을 바라보니 어찌나 신기하고 예쁘던지. 눈곱만 한 씨앗에서 어쩜 이렇게 소중한 생명이 싹튼 건지 바라볼수록 신기한 거야. 새싹은 내일이 되면 더 파랗게 이파리를 키워 내겠지. 언젠가 이 작은 새싹이 점점 자라나 꽃을 피우고 나무가 되고 열매를 맺게 될 거야. 그렇다면 이 새싹을 바라본 어제는 작은 추억이 되겠지. 어제가 있어서 우리에게 내일은 더욱 특별해질 거야.

어제를 통해 더 나은 내일을 계획하는 사람이 되자.

'어제는 역사고, 내일은 미스터리, 오늘은 선물'이라는 명언이 있지.

어제와 기대되는 내일 만화

47

승낙하다, 거절하다

유미는 친구들의 부탁을 잘 거절하지 못해서 늘 고민이었어. 친구들의 부탁을 늘 승낙하다 보니 숙제도 제때 못 하고, 마음의 여유가 하나도 없었어. 그런데 오늘도 짝꿍 서연이가 청소 당번을 대신해 달라는 거야. 유미는 지친 마음에 서연이의 부탁을 처음으로 거절했어. 집으로 돌아갔더니 엄마가 영화 관람을 가지 않겠냐고 물어보는 거야. 유미는 당연히 기쁜 마음으로 엄마의 제안에 승낙했지. 때로는 거절할 줄도 알아야 진정으로 원하는 것을 승낙할 수 있구나! 유미는 깨달았어.

매사에 "예!"라고 말하는 사람은 중요한 순간에 "아니요!"라고 말할 수 없단다.

자신의 한계를 알고 필요할 땐 "아니오"라고 말할 줄 아는 용기.

승낙하고 거절하는 만화

48

덜하다, 더하다

민경이는 항상 모든 것을 더 많이 하길 원했어. 급식도 남들보다 더 많이 먹다가 체하기 일쑤였고, 미술 시간엔 물감을 더 많이 써서 책상을 온통 지저분하게 만들었지. 반대로 수정이는 항상 적당히 만족할 줄 알았어. 급식도 적당히 먹었고, 미술 시간엔 예쁜 색깔만 골라 그림을 색칠했지. 어느 날, 반에서 팔씨름 대회가 열렸을 때 민경이는 힘을 더해서 이겼고, 수정이는 느긋하게 힘을 덜 줘서 질 수밖에 없었어. 두 친구는 서로의 모습을 보며 깨달았지. 때론 덜하는 것이 좋고, 때론 더하는 것이 좋을 수도 있구나!

더한다고 항상 좋은 것도 아니고, 덜한다고 항상 나쁜 것도 아니란다.

중요한 건 상황에 맞게 행동하는 지혜로움이지.

때로는 덜하고 더하는 만화

49

세다, 약하다

유진이는 학교에서 몸이 약하기로 소문난 친구야. 달리기 시합을 할 때면 늘 꼴찌를 도맡았지. 몸이 약한 유진이는 여름이면 식중독에 걸리고, 겨울이면 감기에 걸렸어. 친구들은 유진이가 몸이 약해서 아무것도 할 줄 모른다고 생각했지. 그런데 기막힌 반전이 일어났어. 미술 대회에서 유진이가 일 등을 하게 된 거야. 친구들은 유진이의 그림을 보고 입을 쩍 벌릴 수밖에 없었어. 섬세한 붓 터치와 자유로운 표현들이 너무나도 아름다웠거든. 몸이 약해도 생각이 강하면 이길 수 있다는 걸 친구들은 알게 되었어.

호랑이는 강하지만 거미줄에 걸리고, 개미는 약하지만 무너진 성을 쌓는다는 말.

진정한 강함은 자신의 약점을 보완하는 데서 시작된단다.

50

검다, 희다

피부가 검은 타일라는 흰 피부를 가진 제니가 늘 부러웠어. 타일라는 패션모델이 꿈이었지만 자신처럼 검은 피부로 남들 앞에 서는 것이 부끄럽다고 생각했어. 흰 피부에 비단처럼 고운 머릿결을 가진 제니가 모델로서 제격이라고 생각했지. 하지만 모델 학원 선생님의 생각은 달랐어. 학원에서 유일하게 피부가 검은 타일라는 눈에 띄게 매력적이었거든. 선생님의 칭찬에 타일라는 용기를 얻었어. 피부가 하얀 모델들 사이에서 흑진주처럼 빛나던 타일라는 열심히 노력한 끝에 세계 정상의 모델로 우뚝 설 수 있었어.

> 빛나는 건 하얀 피부가 아닌, 그 안의 당당함이야.
> 자신만의 고유한 빛깔이 가장 아름답지.

51

밉다, 곱다

예은이는 얼굴이 곱고 예쁘기로 소문난 친구야. 하지만 입은 거칠어서 미운 말만 골라서 하는 예은이 때문에 상처받는 친구들이 많았어. "넌 왜 그렇게 못생겼니? 왜 이런 것도 못 하니? 바보." 반대로 유주는 얼굴에 큰 흉터가 있어 미운 얼굴이라고 놀림을 받았지만 고운 말을 참 잘했어. "넌 정말 멋지다. 우와 대단한데?" 그러던 어느 날, 예은이는 학교에서 열린 음악 대회에서 상을 못 받아 엉엉 울고 있었어. 그때 유주가 다가와 예은이를 위로해 줬어. "괜찮아! 넌 앞으로 더 잘할 수 있어." 예은이는 그제야 깨달았지. 진짜 고운 건 얼굴이 아니라 마음에서 우러나온 말이라는 걸 말이야.

얼굴이 고운 것보다 마음씨가 고운 것이 더 아름다울 수 있어.

외모는 잠시지만 고운 말은 오래 기억되지.

미우다 고우다 만화

직선, 곡선

원영이는 미술관에서 피카소와 모네의 그림을 보고 깜짝 놀랐어. 직선을 강렬하게 이용한 피카소의 그림과 곡선을 부드럽게 사용한 모네의 그림은 서로 다른 개성이 있었어. 피카소는 직선으로 세상을 남다르게 표현했고, 모네는 곡선으로 빛과 자연의 흐름을 표현했다고 큐레이터 언니가 친절하게 설명해 줬지. "선 하나에도 이렇게 멋진 의미가 있다니!" 원영이는 그림을 감상하는 내내 감탄 일색이었어. 직선은 명확함과 힘을, 곡선은 부드러움과 생명력을 보여 준다는 걸 이번 전시를 통해 알게 되었어.

직선의 단호함과 곡선의 유연함이 만나 예술이 되었네.

세상은 직선과 곡선이 어우러져 더욱 풍요로워졌어.

직선과 곡선 만화

53

몸, 마음

"아, 너무 떨려! 내일이 경시대회 날이네." 예람이는 긴장되는 마음으로 밤잠을 설쳐댔어. 대회 당일 날, 마음이 불안해서 그런지 몸도 무척 피곤했지. 평소에 잘 풀던 수학 문제를 실수로 너무 많이 틀려 버렸어. 선생님은 예람이에게 마음이 편안해야 몸도 건강해지고, 대회에 나가서도 실력 발휘를 제대로 할 수 있을 거라고 말했어. 다음 날부터 예람이는 아침마다 명상을 하고, 긍정적인 말을 되뇌며 마음을 단련했어. 그리고 수학 문제 푸는 것도 게을리하지 않았지. 일 년 뒤 결과는 어떻게 됐을까? 예람이가 수학 경시대회에서 금상을 땄대!

건강한 마음 = 건강한 몸

마음의 평화가 신체의 진정한 잠재력을 끌어낸다고!

몸과 마음의 만화

54

어른, 아이

"아빠! 아빠는 처음부터 멋진 어른이었어?" "아니야, 아빠도 너처럼 작은 아이였던 시절이 있었단다." 이진이는 키도 크고 뭐든 잘하는 아빠가 너무 부러웠어. 아빠는 이진이처럼 작은 아이였을 시절로 다시 한번 돌아가고 싶었지. 이진이와 아빠는 함께 달고나를 만들며 추억 쌓는 하루를 보냈어. 나무젓가락으로 국자를 휘젓는 아빠는 눈이 아이처럼 반짝였어. 어른의 지혜와 아이의 순수함이 만나 세상에서 가장 달콤한 달고나가 완성되었네!

> 어른은 아이에게서 순수함을 배우고, 아이는 어른에게서 지혜를 배운단다.
>
> 진정한 어른은 마음속 아이를 잃지 않은 사람이야.

어른과 아이 만화

55

형제, 자매

우리 집은 나와 동생, 두 형제가 살고 있어서 매일 시끄러웠어. 마당에서 야구를 하다 유리창을 와장창 깨트린 적도 있었지. 옆집엔 자매가 살아서 그런지 매일 조용했어. 어느 날 부모님은 옆집을 우리 집에 초대했단다. 조용할 줄 알았던 옆집 자매는 공을 뻥뻥 발로 차며 축구도 잘하고 나무타기도 엄청나게 잘했어. 또 옆집 자매는 우리 형제들에게 구슬을 끼워 팔찌를 만드는 법도 알려 줬지. 옆집 자매는 우리 형제가 만든 팔찌를 보고 멋지다고 칭찬해 줬어. 엄지 척! 내일도 옆집 자매들이랑 신나게 놀아야지!

형제나 자매나 크게 다르지 않단다.

편견을 가지지 말고 다 같이 놀아 볼까?

형제나 자매 만화

56

주인, 손님

짜자잔~ 오늘은 소민이의 생일 파티 날. 소민이는 멋지게 꾸며진 파티장에서 한껏 주목을 받았어. "오늘은 내가 이 파티의 주인이니까 신나게 즐기는 거야!" 그런데 소민이의 눈에 한 아이가 자꾸 밟혔어. 평소에 말수가 적고 소심한 영민이가 혼자 구석에 앉아 있는 거야. 소민이는 손님으로 온 영민이에게 먼저 다가가 같이 놀자고 말했어. 영민이에게 다른 친구들도 소개해 주었지. 그날 밤, 소민이는 마음이 뿌듯했어. 일기장에 예쁜 글씨로 이렇게 썼단다. '진정한 주인은 손님을 행복하게 해 주는 사람'.

좋은 주인은 손님의 마음을 읽고, 좋은 손님은 주인의 정성을 알지.

베푸는 기쁨이 받는 기쁨보다 훨씬 더 크단다.

주인과 손님 만화

57

스승, 제자

도윤이는 태권도 학원에 다니고 있어. 관장님은 동네에서 엄격하기로 유명한 분이래. 말썽꾸러기 도윤이는 관장님께 혼나기 일쑤였어. 하루는 관장님이 도윤에게 십 분 동안 스승 역할을 할 기회를 줬어. 도윤이는 관장님을 따라 아이들을 가르치다 보니, 관장님이 왜 엄격할 수밖에 없는지 깨닫게 되었어. 도장에서 장난치거나 운동 질서를 지키지 않으면 위험할 수 있다는 걸 배울 수 있었지. 도윤이는 스승과 제자의 관계가 서로에게 도움을 주는 인연이라는 걸 알 수 있었어.

> 가르치면서 배우고, 배우면서 가르친단다.
> 스승과 제자는 함께 성장하는 동반자야.

스승과 제자 만화

58

나, 우리

호진이는 항상 '나'만 생각하는 아이야. '나 혼자 다 먹을 거야.', '나만 알고 싶어.' 이렇게 '나'만 생각하다 보니 호진이는 친구들과 사이가 점점 나빠졌어. 그러던 어느 날, 학교에서 조별 과제를 하게 되었어. '나'만 생각하던 호진이 때문에 조별 과제를 망쳐 버린 친구들은 잔뜩 화가 났어. 시무룩한 표정으로 집에 온 호진이에게 엄마는 '나'만 생각하는 것보다 '우리'를 먼저 생각하는 사람이 더 멋지다고 말해 줬어. 다음 날 호진이는 친구들에게 진심 어린 사과를 건네며 말했어. "우리 다 같이 힘을 모아 다시 해 보자!"

'나'만 아는 호진이

'나'의 성공보다 '우리'의 기쁨이 더 크지.

'우리'가 모여 하나가 될 때 불가능도 가능해진단다.

나와 우리 만화

몇몇, 여럿

나는 한 달 전부터 부모님과 함께 플로깅을 시작했어. 플로깅은 달리면서 길에 떨어져 있는 쓰레기를 줍는 운동이야. 집 앞에 있는 석촌호수 둘레길을 뛰면서 커다란 봉지에 쓰레기를 가득 담아 온 첫날 나는 뿌듯하고 정말 보람 있었어. 몇몇 사람들과 함께하던 플로깅은 어느새 여럿이 함께하게 되었어. 환경보호의 소중한 가치를 몇몇 사람들이 지켜나가다 보니 여러 사람에게 큰 귀감이 되었어. 여럿이서 함께하는 플로깅! 오늘은 너도 함께 달리지 않을래?

작은 노력이 모여 큰 변화를 만든단다.

몇몇 사람의 작은 용기는 여럿에게 큰 희망이 될 수 있어.

몇몇에서 여럿이 되는 만화

60

맛있다, 맛없다

아리는 바삭바삭한 치킨과 겹겹이 쌓아 올린 햄버거를 제일 좋아했어. 치킨과 햄버거가 아니면 전부 맛이 없다고 생각할 정도였지. 할머니는 주말에 아리를 데리고 뒷산에 가서 더덕과 산나물을 잔뜩 캐 왔어. 할머니는 더덕구이와 산나물비빔밥을 뚝딱 만들었어. 아리는 맛없게 생긴 음식들을 먹고 싶지 않았지만, 할머니의 간절한 부탁에 눈을 질끈 감고 숟가락을 입에 갖다 댔어. 그런데 이게 웬걸. 향긋한 봄나물과 쫄깃한 더덕구이는 정말 끝내주게 맛있었어! 게다가 이것들은 건강에도 좋은 음식이래.

맛있는 것만 찾다 보면 진짜 맛을 놓치기 쉽지.

때로는 맛없는 것이 몸에 더 좋은 법이란다.

61

재미있다, 재미없다

라온이는 유튜브 보는 건 너무 재밌지만, 수학 문제 푸는 건 너무 재미없었어. 그래서 엄마께 수학 학원을 그만 다니고 싶다고 말했지. 종일 집에서 유튜브만 보니 눈도 아프고, 집중도 잘 안되고. 라온이는 유튜브에 점점 흥미를 잃어 갔어. 그런데 아빠가 가르쳐 준 수학 개념을 이해하고 나니 문제 푸는 게 슬슬 재밌어지는 거야. 처음엔 재미없던 것도 깊이 들어가니 점점 재밌어지고, 항상 재밌기만 했던 것도 반복되니 특별함을 잃기도 한다는 걸 알게 되었어.

재미있음과 재미없음은 우리의 태도에 따라 달라질 수 있어.

재미없는 공부도 재미있게 하는 방법을 찾는 사람이 성공한단다.

재미 있다가 재미 없다가 만화

62

답답하다, 후련하다

얼마 전 글쓰기 대회에 나갔는데 내가 상을 받게 될까? 너무 궁금한 거야. 선생님께 매일 여쭤보아도 돌아오는 대답은 똑같았어. "아직 결과 안 나왔으니까 기다리렴." 아이고, 답답해라. 나는 하루, 하루 기다리는 게 너무 지루하고 답답해서 눈물이 다 날 지경이었어. 좋아하던 게임을 해도 하나도 재미없었어. 다음날 학교에 갔는데 교실 앞에 커다란 종이가 붙어 있었어. 드디어! 글쓰기 대회 수상자가 결정됐나 봐. 어랏! 그런데 내 이름은 온데간데없는 거야. 나는 눈물이 쏙 났지만, 속은 후련했어. 선생님이 결과보다 과정이 더 중요하다고 말했거든.

답답함이 있어야 후련함의 기쁨을 알 수 있단다.

문제가 답답하게 느껴질 때, 그것을 해결하는 순간의 후련함은 더 크게 다가와.

답답하다가 후련해지는 만화

63

소중하다, 사소하다

우리 오빠는 수집 왕이야. 식물을 아주 좋아해서 길에 떨어진 나뭇잎이나 꽃잎을 자주 주워 와. 도대체 저런 걸 왜 모으는 걸까. 난 한심한 눈으로 오빠를 바라봤어. 그러든지 말든지 오빠는 두꺼운 사전 속에 꽃잎과 나뭇잎을 한 장, 한 장 잘 펴서 꽂아 둔 뒤 말렸지. 눈이 펑펑 내리는 겨울이 오자 드디어 내 생일이 돌아왔어. 나는 오빠에게 받은 선물을 꺼내 보고 깜짝 놀랐어. 아주 사소하고 시시해 보였던 나뭇잎과 꽃잎들을 붙여서 우리 가족을 표현한 그림이었어! 그건 내 인생 최고로 소중한 보물이 되었어.

사소해 보이는 일들이 모여 소중한 결과를 만든단다.

가장 소중한 것들은 종종 가장 사소하게 여겨지는 것들 속에 있어.

사소하지만 소중한 만화

64

선하다, 악하다

지아는 자신이 동화책에 나오는 착한 주인공들처럼 선하다고만 생각했어. 그러던 어느 날, 급식실에서 지아 뒤에 서 있던 용주가 지아를 확 밀쳤지 뭐야. "야! 이용주! 너 진짜 악하구나! 나한테 혼나 볼래?!" 옷에 국물을 쏟은 지아는 얼굴이 새빨개진 채 화를 냈어. 그런데 알고 보니 용주 뒤에 서 있던 다른 반 친구들이 장난으로 밀어서 넘어질 뻔한 거였어. 지아는 용주에게 사과하며 자신이 선할 수도, 악할 수도 있다는 걸 알게 됐어. 그리고 매일 선한 선택을 하려고 노력해야 한다는 걸 깨닫게 되었단다.

완전히 선한 사람도, 완전히 악한 사람도 없단다.

악한 마음을 인정하고 선한 행동을 택할 때 우리는 성장하지.

65

시골, 도시

도시에 사는 성민이는 시골 할아버지 댁에서 여름 방학을 보내게 되었어. 오락실도 없고, 지하철도 없는 시골이 어찌나 답답하게 느껴지던지! 성민이는 금세 시무룩해졌어. 그런데 먼저 와서 시골 생활을 즐기고 있던 사촌 형이 성민이를 산으로, 들로 데리고 다녔어. 성민이는 시골의 아름다운 풍경과 신선한 바람, 책에서만 보던 곤충들을 직접 보며 감탄했어. 도시에서 누릴 수 있는 다양한 문화생활과 편리함도 좋지만, 시골에서 느낄 수 있는 여유로움은 정말 특별한 경험이었어.

> 시골의 여유와 도시의 편리함은 모두 소중하지.

> 시골의 뿌리와 도시의 날개는 우리 모두에게 필요해.

66

밀물, 썰물

수정이는 바닷가에 사는 삼촌 댁에 놀러 갔어. 햇살이 내려앉아 금빛으로 출렁이는 바다가 어찌나 아름답던지! 수정이는 바다를 관찰하기 시작했어. 밀물이 들어올 때는 바닷속 생물들이 헤엄쳐 나와 신선한 먹이들을 먹었지. 썰물이 되자 해변의 더러운 것들이 깨끗이 씻겨 나가고, 여기저기서 신비한 조개껍데기가 드러났지. 삼촌은 바다의 밀물과 썰물처럼 우리의 인생에도 풍요로울 때가 있고, 비워 낼 때가 있다는 걸 알려 줬어.

인생은 밀물과 썰물처럼 오고 가는 것.
밀물의 풍요와 썰물의 정리가 모두 필요해.

인생은 밀물과 썰물 만화

밀물 때는 모든 것이 풍요롭고 가득 차오르는 기쁨이 있어!

썰물 때는 깨끗하게 씻겨 나가는 더러움들~

드러나는 우리의 얼굴

우리 인생도 풍요로울 때가 있고

비워 내야 할 때가 있다는 걸 알 수 있지

진짜, 가짜

모파상이라는 작가가 쓴 《목걸이》라는 이야기를 알고 있니? 이야기 속 주인공은 자신이 초라하다고 느껴 이웃집 여자에게 목걸이를 빌려서 파티장에 가게 돼. 파티장에서 목걸이를 잃어버린 주인공은 큰 빚을 내서 빌렸던 목걸이와 똑같이 생긴 목걸이를 사서 돌려주지. 주인공은 평생 빚을 갚느라 늙고 초라해졌어. 그런데 우연히 길에서 만난 이웃집 여자는 놀라운 사실을 말해 줬어. 자신이 그때 빌려줬던 목걸이는 가짜 보석이었다는 걸 말이야. 주인공은 가짜 목걸이를 진짜라 믿었던 자신을 후회했어.

> 가짜 행복을 좇기보다 진짜 행복을 찾아라!
> 가짜로 꾸민 모습보다 자연스러운 내 모습이 더 아름다워.

진짜와 가짜 만화

68

껍데기, 알맹이

민이는 비싼 옷과 비싼 운동화, 비싼 가방과 같은 껍데기에만 관심이 많았어. 외모만 꾸미느라 학교 수업은 늘 뒷전이었지. 민이의 짝꿍인 건우는 독서를 즐겨 하고, 항상 수업 시간에 열심히 공부했어. 연말 학예회가 드디어 열렸는데, 민이는 화려한 옷을 입고 연극 무대에 올랐지만 대사를 거의 외우지 못해 큰 창피를 당했어. 반면 건우는 평범한 옷을 입고 주인공 역할을 멋지게 해냈어. 민이는 껍데기보다 속에 든 알맹이가 더 중요하다는 것을 알게 되었지.

껍데기는 한순간이지만 알맹이는 평생 가는 것.
알맹이 없는 껍데기는 텅 빈 것과 같다고!

껍데기 보다 알맹이 만화

첫인사, 끝인사

따스한 봄날, 주빈이가 우리 반에 전학을 왔어. 첫인사를 할 때 주빈이는 소아마비라는 장애가 있어서 오른손과 오른쪽 다리를 잘 움직이지 못한다고 말했지. 우리 반 친구들은 주빈이를 서로 도와주려고 노력했어. 주빈이는 몸이 불편했지만, 항상 밝게 웃으며 친구들에게 친절했어. 재능도 많아서 그림도 잘 그리고 한 손으로 피아노 연주도 기막히게 잘했지. 어느덧 종업식이 다가오자 우리는 헤어지기 섭섭해서 서로를 바라봤어. 주빈이는 끝인사로 친구들에게 정성껏 쓴 편지를 나눠 줬어. 아주 고마웠다고 인사하는 주빈이의 손 편지는 감동이었어.

좋은 첫인사와 진심 어린 끝인사가 우리 사이를 더욱 발전시키지.

끝인사는 또 다른 첫인사의 시작이란다.

첫인사와 끝인사 만화

70

사랑, 무관심

작년 여름에 엄마가 꽃시장에서 작은 화분을 사 왔어. 키가 작고 잎이 듬성듬성한 식물이 나는 마음에 들지 않았어. 그래서 무관심으로 화분을 방치하고 말았지. 그러던 어느 날, 베란다에서 기분 좋은 향기가 솔솔 나지 않겠어. 베란다 문을 활짝 열고 나가 보니 분홍빛 장미가 나를 보며 수줍게 웃고 있었어. 부모님이 나 대신 화분을 정성껏 돌보고 있던 거야. 사랑을 듬뿍 받으며 자란 것들은 이렇게 좋은 향기를 내뿜는 거라고 엄마가 말했어. 나도 이 세상에 좋은 향기를 내뿜는 사람이 되고 싶어.

사랑은 보살핌이고, 무관심은 아픔이란다.

사랑으로 대하면 꽃이 피고, 무관심으로 대하면 시들어 버리지.

사랑과 ♡ 무관심 만화

71

슬픔, 기쁨

오늘은 기다리고 기다리던 놀이공원으로 소풍 가는 날! 그런데 아침부터 갑자기 비가 주룩주룩 내리지 뭐야. 내 마음도 덩달아 슬퍼졌어. 친구들이랑 신나게 롤러코스터도 타고 디스코 팡팡도 타려고 했는데 말이야. 잔뜩 시무룩한 얼굴로 학교에 갔는데, 이게 웬걸. 교실에서 다 같이 둘러앉아 과자 파티가 시작됐어! 친구들이랑 보드게임도 하고 재밌는 장기자랑 대회가 열렸지 뭐야. 난 친구들 앞에서 짱구처럼 엉덩이춤을 신나게 췄는데 투표 결과 내가 일 등을 했어. 상품으로 내가 갖고 싶었던 장난감을 받아서 기분 최고! 소풍날 오히려 비가 와서 난 더 행복했다고!

궂은 날씨 뒤에 맑은 날이 찾아올 거야.

마음먹기에 따라 슬픔은 기쁨이 될 수 있어.

72

용기, 두려움

언제부터였을까? 나의 짝꿍 민수와 눈이 마주치면 심장이 콩닥콩닥 뛰고 콧구멍이 벌렁벌렁 커지고 손이 축축하게 젖는 게. 이게 혹시 짝사랑인 걸까? 민수는 글도 잘 쓰고 노래도 잘하고 내가 좋아하는 토끼 그림도 얼마나 잘 그리는데. 민수에게 "널 좋아해!"라고 고백하고 싶은데 너무 두려워. 혹시나 민수가 내 마음을 거절하면 어떡해? 에잇 모르겠다. 그래도 용기 내어 고백해 볼래!

> 용기를 낸다는 것 = 두려움에 맞선다는 것
>
> 두려움을 이겨 내고 나면 용감한 사람이 될 수 있지!

때론 용감하고 때론 두려운 만화

73

걱정, 자신감

내일은 기다리던 운동회 날! '내일 잘 할 수 있을까?' 윤채는 걱정이 돼서 잠이 잘 안 왔어. 반면 윤설이는 '달리기는 내가 무조건 일 등이지!' 자신감이 넘쳐났지. 막상 달리기 시합이 시작되자 윤채는 지나치게 조심하며 달렸고, 윤설이는 과한 자신감에 까불다가 넘어지고 말았어. 두 번째 시합에서 윤채는 적당한 걱정으로 실수를 줄였고, 윤설이는 넘어진 경험을 통해 겸손해졌지. 이기고 진 결과보다 두 친구는 서로의 태도를 배우며 더욱 성장할 수 있었어.

걱정은 우리를 준비시키고, 자신감은 우리를 앞으로 나아가게 하지.

걱정이 많은 사람은 자신감을 가질 때 더 신중해지고,

자신감이 넘치는 사람은 걱정할 때 더 안전해진단다.

걱정과 자신감 만화

74

찬성, 반대

오늘 우리 반에서는 현장 학습 장소를 정하는 학급 회의가 열렸지. 상지는 학교에서 멀리 떨어진 놀이동산으로 현장 학습을 가자고 주장했고, 대현이는 너무 먼 곳은 시간과 차비가 많이 든다며 반대했지. 둘은 서로의 생각을 굽히지 않았고 급기야는 화를 내고 말았어. 선생님은 "찬성과 반대는 서로 적이 아니야. 더 나은 선택을 위한 동반자란다."라고 말했어. 아이들은 상지의 의견과 대현이의 의견을 모두 반영하여 학교에서 가까운 공원으로 장소를 정할 수 있었어. 놀이 시설이 적당히 갖춰진 공원으로 말이야.

반대 의견이 없는 찬성은 완벽하지 않아.

서로 다른 생각이 만나 더 나은 해결책을 만든단다.

찬성과 반대 만화

차별, 평등

하원이는 쌍꺼풀이 진하고, 우리와 피부색도 조금 달랐어. 하원이의 엄마는 베트남 사람이라고 했지. 영준이는 하원이의 외모가 우리와 다르다며 짓궂게 놀려댔어. 선생님은 하원이를 차별하는 건 나쁜 행동이라며 영준이를 따끔하게 혼냈지. 며칠 뒤 학교에서 다문화 행사가 열렸는데 하원이의 엄마가 베트남 전통 의상을 입고 왔어. 하원이 엄마가 만들어 준 베트남 쌀국수와 전통 과자는 정말 꿀맛이었지. 그 뒤로 영준이는 하원이와 서로 다름을 인정하고, 하원이를 존중하기 시작했어.

차별은 벽을 세우지만, 평등은 다리를 놓는단다.
다름을 인정할 때 진정한 평등이 시작된다는 걸 잊지 마.

차별과 평등 만화

76

실명, 익명

수아는 온라인 학급 게시판에 항상 실명으로 댓글을 달았어. 자기 생각에 책임을 지고 싶었거든. 반면 도하는 항상 익명으로 댓글을 달았어. 자기 생각을 자유롭게 표현하고 싶었기 때문이지. 그러던 어느 날, 온라인 학급 게시판에 누군가 익명으로 욕설을 올렸어. 익명이기 때문에 누가 올린 욕설인지 아무도 알 수 없었지. 선생님께서는 깊은 고민 끝에 온라인 학급 게시판에 익명으로 서로 칭찬하는 글을 올려 보자고 제안했어. 친구들은 게시판에 가득 찬 서로의 칭찬을 읽으면서 너도나도 뿌듯했단다.

이름보다 중요한 것은 말과 행동에 담긴 진심!

익명의 자유는 더 큰 책임감이 필요해.

실명과 익명 만화

77

완성, 미완성

세미는 항상 그림을 끝까지 완성하지 못했어. 색칠을 끝까지 하는 건 너무 귀찮았거든. 짝꿍 현아는 그림을 잘 그리진 못하지만, 항상 최선을 다해 그림을 완성했어. 학교에서 열린 과학 상상 그리기 대회에서 세미는 색칠하다 말고 붓을 탁! 내려놓았어. 현아는 세미에게 말해 줬지. "미완성인 그림도 아름다울 때가 있지. 하지만 끝까지 완성해 보는 경험도 정말 중요하잖아." 현아의 말에 세미는 용기를 내어 그림을 완성해 보았어. 그런데 난생처음으로 세미가 상을 받게 되었지 뭐야. 선생님은 완벽함보다 중요한 건 자신의 이야기를 끝까지 해내는 힘이라고 말했어.

미완성이 주는 가능성과 완성이 주는 성취감!

완벽한 미완성보다 불완전한 완성이 더 값질 때가 있어.

미완성보다 완성 만화

78

분열, 통일

우리 학교에서 학급 발표회가 다음 달에 열린다고 해. 우리 반 친구들은 어떤 주제로 학급 발표를 할까? 서로 의견을 냈어. 환경오염에 대해 발표하자고 하는 친구들과 우리 지역의 역사를 발표하자는 친구들로 우리 반은 분열했어. 기나긴 토의 끝에 선생님은 우리 지역 환경오염의 역사에 대해 발표하는 건 어떻겠냐고 제안했어. "오~! 너무 좋은 주제인데요?" 생각이 통일되고 나자 아이들은 환호성을 지르며 좋아했어.

분열은 다양성을 만들고, 통일은 그 다양성을 조화롭게 해.

서로 다른 물방울들이 모여 바다를 이루는 기적.

79

결점, 장점

드디어 우리 학교 토론 대회가 시작되었어. 지오는 평소에 말을 더듬는 자신이 너무 부끄러웠어. 반대로 도유는 말을 재치 있게 잘했지만, 생각이 늘 짧았지. 지오는 아무도 자신과 한 팀을 이루려 하지 않을 것만 같았어. 그때 도유가 다가와 같은 팀을 하자고 제안하는 거야. "왜 나랑 팀을 하려고 해? 나는 말을 잘 더듬잖아." 지오의 말에 도유가 대답했어. "지오야, 난 너처럼 말하기 전에 깊이 생각하는 사람이 되고 싶어." 지오와 도유는 서로의 결점과 장점을 배우며 토론에 참여했고, 좋은 성과를 이룰 수 있었단다.

결점은 숨길 것이 아니라 발견하고 다듬어야 할 원석이지!

다른 사람의 장점을 통해 내 결점을 보완할 때 우리는 함께 성장한단다.

결점과 장점 만화

80

있다, 없다

리우는 항상 없는 것만 생각하는 아이였어. 스마트폰도 없고, 노트북도 없고, 게임기도 없어서 불평불만이었지. 그런데 리우의 형은 달랐어. 항상 있는 것에 감사한 마음을 가졌지. 가족이 있어서 좋고, 책이 많아서 좋고, 집이 있어서 좋다고 생각했어. 형은 리우에게 말했어. "없는 것만 생각하면 마음에 구멍이 생겨 버려. 하지만 가진 것에 감사할 줄 알면 마음이 기쁨으로 차오르게 돼." 리우는 형과 함께 감사 일기를 써 보기로 했어. 주변에 있는 사소한 것들에도 감사하게 되자 리우의 마음은 부자가 되었지.

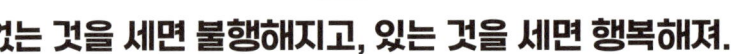

없는 것을 세면 불행해지고, 있는 것을 세면 행복해져.

없음을 탓하기보다 있음에 감사할 때 진정한 마음 부자가 된단다.

있다와 없다 만화